基礎漢文教材 2

懸吐完譯

四字小學

成百曉 編譯

飜譯 文

펴글씨敎本

讀 本

傳統文化研究會

基礎漢文教材를 내면서

우리 전통문화연구회에서는 漢字의 文字體系로 이루어진 東洋古典의 우리말 번역에 착안하고 斯界의 실력자들로 번역진을 구성, 공부하는 사람들의 머리맡에 사전처럼 두고 볼 수 있는 번역서의 간행을 기획하여 이미 ≪論語集註≫, ≪孟子集註≫, ≪大學·中庸集註≫ 등을 세상에 내어놓은 바가 있다.

斯界의 重鎭인 成百曉 선생이 心血을 기울여 懸吐完譯한 이 3권으로 된 四書集註의 우리말 번역은 東洋學의 전문학도들은 말할 것도 없고 일반 敎養人들 사이에서도 好評을 받아 지금도 여러 곳에서 東洋哲學入門書로, 또는 漢文敎材로 사용되고 있다.

그런데 四書集註의 普及과 함께 漢文 공부를 위한, 특히 初學 단계에서의 自習을 위한 基礎漢文敎材를 찾는 소리가 높아지고 있어 우리 전통문화연구회에서는 初學者를 위한 漢文敎材의 개발에도 관심을 갖게 되었다.

漢文도 우리 조상들이 한글과 함께 아니 한글보다도 더 오래 사용해온 우리글, 우리 문화, 우리말의 일부임을 자각하여 우리말의 語源 및 우리 민족문화의 올바른 파악과 계승을 위해 漢文 공부를 반드시 해야겠다는 생각을 갖는 사람이 漸增하는 가운데 初學者用 漢文敎材 再構成의 필요성은 절실해졌다.

≪註解千字文≫, ≪四字小學≫, ≪推句·啓蒙篇≫, ≪童蒙先習·擊蒙要訣≫, ≪明心寶鑑≫ 등을 基礎漢文敎材 시리즈로 計劃하였다. 編輯은 讀本에 懸吐하고, 原義에 充實하게 飜譯하였으며, 펜글씨 敎本과 學習者의 便宜를 위하여 字義를 붙인 체제로 간행하고자 하는 바 이번 시리즈의 번역도 成百曉 先生이 맡아주었다. 틀리지 않게 안심하고 공부할 수 있는 좋은 참고서가 될 것임을 확신하면서 아울러 많은 격려와 忠告의 苦言을 期待하는 바이다.

1996年 9月

社團法人 傳統文化研究會 會長 李啓晃

이 책에 대하여

≪四字小學≫은 우리 祖上들이 어린이들에게 漢字를 가르치기 위하여 엮은 基礎漢文 敎科書이다. 人間의 倫理道德에 입각하여 朱子의 ≪小學≫과 기타 經傳中에 어린이가 알기 쉬운 내용들을 뽑아 四字一句로 엮었기 때문에 ≪四字小學≫이라 명명하였다.

그러나 世間에 流行되는 ≪四字小學≫의 諸本은 著者未詳으로 내용이 서로 다르고 體系와 文脈이 제대로 이어지지 못한 결점이 있었다. 그리하여 本人은 數年間 漢文敎育을 실시해 오면서 本書의 整理作業을 試圖하고 十數種의 異本을 수집한 다음, 그 長短點을 取捨選擇하여 再編輯하였다.

本書의 編次를 정함에 있어서는 五倫의 차례를 따라서 먼저 父子, 君臣, 夫婦, 兄弟, 師生, 長幼, 朋友間의 道理를 말하고, 끝으로 仁義禮智의 本性과 人間이 지켜야 할 五倫, 三綱, 九容, 九思, 四勿 등의 總論順으로 엮었다. 또한 漢字의 訓音과 뜻풀이를 倂記하여 理解를 돕게 하였으며, 習字를 위한 筆順과 펜글씨 敎本을 넣고 讀本에는 吐를 달아 學生들의 自習에 活用하도록 하였다.

그동안 西歐文明의 범람으로 말미암아 美風良俗이 사라지고 非道德的인 犯罪는 날로 증가되어 우리 社會는 심각한 위기상황에 직면해 있다. 一部에서는 이에 대한 우려가 高潮되고 있는바, 本書는 어린이의 情緖涵養과 우리 傳統文化의 뿌리를 理解시키는데 큰 보탬이 될 것으로 믿는다. 더욱이 漢字의 早期習得이 效果的 敎育方法이라는 最近의 研究發表에 따라 子女들에 대한 漢字敎育도 보편화되어가는 추세에 있다.

漢字와 簡單한 漢文의 學習用으로 再編輯된 本書는, 學生들의 漢字早期敎育과 함께 도덕적 가치관을 심어줄 수 있는 一石二鳥의 效果를 가져오리라고 확신하는 바이다.

西紀 一九八九年 六月 二〇日에 成百曉는 쓰다.

飜譯文

아버지 부	날 생	나 아	몸 신		어머니 모	기를 국	나 아	몸 신
父	生	我	身		母	鞠	我	身

아버지는 내 몸을 낳으시고

어머니는 내 몸을 기르셨도다.

배 복	써 이	품을 회	나 아		젖 유	써 이	먹일 포	나 아
腹	以	懷	我		乳	以	哺	我

배로써 나를 품어주시고

젖으로써 나를 먹여주셨도다.

써 이	옷 의	따뜻할 온	나 아		써 이	밥 식	배부를 포	나 아
以	衣	溫	我		以	食	飽	我

옷으로써 나를 따뜻하게 하시고

밥으로써 나를 배부르게 하셨도다

은혜 은	높을 고	같을 여	하늘 천		큰 덕	두터울 후	같을 사	땅 지
恩	高	如	天		德	厚	似	地

은혜는 높기가 하늘과 같으시고

덕은 두텁기가 땅과 같으시니

될 위	사람 인	아들 자	놈 자		어찌 갈	아니 불	할 위	효도 효
爲	人	子	者		曷	不	爲	孝

사람의 자식이 된 자가

어찌 효도를 하지 않으리오.

하고자할 욕	갚을 보	그 기	큰 덕		하늘 호	하늘 천	없을 망	다할 극
欲	報	其	德		昊	天	罔	極

그 은덕을 갚고자 할진댄

하늘처럼 다함이 없도다.

새벽 신	반드시 필	먼저 선	일어날 기		반드시 필	씻을 관	반드시 필	양치질할 수
晨	必	先	起		必	盥	必	漱

새벽에는 반드시 먼저 일어나

반드시 세수하고 반드시 양치질하라.

날저물 혼	정할 정	새벽 신	살필 성		겨울 동	따뜻할 온	여름 하	서늘할 청
昏	定	晨	省		冬	溫	夏	淸

저녁에는 잠자리를 정하고 새벽에는 문안을 살피며

겨울에는 따뜻하게 하고 여름에는 서늘하게 해드려라.

아버지 부	어머니 모	부를 호	나 아
父	母	呼	我

부모께서 나를 부르시거든

빨리대답할 유	말이을 이	달릴 추	나아갈 진
唯	而	趨	進

빨리 대답하고 달려 나아가라.

아버지 부	어머니 모	부릴 사	나 아
父	母	使	我

부모께서 나를 부리시거든

말 물	거스를 역	말 물	게으를 태
勿	逆	勿	怠

거스르지 말고 게을리하지 말라.

아버지 부	어머니 모	있을 유	명할 명
父	母	有	命

부모께서 명함이 있으시거든

숙일 부	머리 수	공경할 경	들을 청
俯	首	敬	聽

머리를 숙이고 공경히 들어라.

앉을 좌	명할 명	앉을 좌	들을 청
坐	命	坐	聽

앉아서 명하시면 앉아서 듣고

설 립	명할 명	설 립	들을 청
立	命	立	聽

서서 명하시면 서서 들어라.

아버지 부	어머니 모	나갈 출	들어갈 입
父	母	出	入

부모께서 출입하시거든

매양 매	반드시 필	일어날 기	설 립
每	必	起	立

매양 반드시 일어나 서라.

아버지 부	어머니 모	옷 의	옷 복
父	母	衣	服

부모의 의복을

말 물	넘을 유	말 물	밟을 천
勿	蹂	勿	踐

넘어다니지 말고 밟지 말라.

아버지 부	어머니 모	있을 유	병 질
父	母	有	疾

부모께서 병환이 있으시거든

근심할 우	말이을 이	꾀할 모	병나을 추
憂	而	謀	瘳

근심하고 낫게 할 것을 꾀하라.

대할 대	밥상 안	아니 불	먹을 식
對	案	不	食

밥상을 대하여 잡수시지 않거든

생각할 사	얻을 득	좋을 량	음식 찬
思	得	良	饌

좋은 음식을 얻을 것을 생각하라.

나갈 출	반드시 필	아뢸 고(곡)	어조사 지
出	必	告	之

나갈 때에는 반드시 아뢰고

돌아올 반	반드시 필	뵐 면	어조사 지
反	必	面	之

돌아오면 반드시 뵈어라.

삼갈 신	말 물	멀 원	놀 유
愼	勿	遠	遊

삼가 멀리 가지 말며

놀 유	반드시 필	있을 유	방소 방
遊	必	有	方

가더라도 반드시 일정한 곳이 있게 하라.

나갈 출	들어갈 입	문 문	문 호
出	入	門	戶

문호를 출입하거든

열 개	닫을 폐	반드시 필	공손할 공
開	閉	必	恭

열고 닫기를 반드시 공손하게 하라.

말 물	설 립	문 문	가운데 중
勿	立	門	中

문 가운데 서지 말고

말 물	앉을 좌	방 방	가운데 중
勿	坐	房	中

방 가운데 앉지 말라.

다닐 행	말 물	거만할 만	걸을 보
行	勿	慢	步

다닐 때에는 걸음을 거만하게 하지 말고

앉을 좌	말 물	기댈 의	몸 신
坐	勿	倚	身

앉을 때에는 몸을 기대지 말라.

입 구	말 물	섞일 잡	말씀 담
口	勿	雜	談

입으로는 잡담을 하지 말고

손 수	말 물	섞일 잡	놀이 희
手	勿	雜	戲

손으로는 장난을 하지 말라.

무릎 슬	앞 전	말 물	앉을 좌
膝	前	勿	坐

무릎 앞에 앉지 말고

어버이 친	얼굴 면	말 물	우러를 앙
親	面	勿	仰

어버이 얼굴을 우러러 보지 말라.

모름지기 수	말 물	클 방	웃음 소
須	勿	放	笑

모름지기 큰소리로 웃지 말고

또 역	말 물	높을 고	소리 성
亦	勿	高	聲

또한 큰소리로 말하지 말라.

모실 시	앉을 좌	아버지 부	어머니 모		말 물	성낼 노	꾸짖을 책	사람 인
侍	坐	父	母		勿	怒	責	人

부모를 모시고 앉았거든 / 성내어 사람을 꾸짖지 말라.

모실 시	앉을 좌	어버이 친	앞 전		말 물	걸터앉을 거	말 물	누울 와
侍	坐	親	前		勿	踞	勿	臥

부모 앞에 모시고 앉았거든 / 걸터앉지 말고 눕지 말라.

드릴 헌	물건 물	아버지 부	어머니 모		꿇어앉을 궤	말이을 이	올릴 진	어조사 지
獻	物	父	母		跪	而	進	之

부모께 물건을 드리거든 / 꿇어앉아서 올려라.

줄 여	나 아	마실 음	먹을 식		꿇어앉을 궤	말이을 이	받을 수	어조사 지
與	我	飮	食		跪	而	受	之

나에게 음식을 주시거든 / 꿇어앉아서 받아라.

그릇 기	있을 유	마실 음	먹을 식		아니 불	줄 여	말 물	먹을 식
器	有	飮	食		不	與	勿	食

그릇에 음식이 있더라도 / 주시지 않으면 먹지 말라.

만일 약	얻을 득	아름다울 미	맛 미		돌아갈 귀	드릴 헌	아버지 부	어머니 모
若	得	美	味		歸	獻	父	母

만일 맛있는 음식을 얻거든 / 돌아가 부모께 드려라.

옷 의	옷 복	비록 수	나쁠 악		줄 여	어조사 지	반드시 필	입을 착
衣	服	雖	惡		與	之	必	著

의복이 비록 나쁘더라도 / 주시면 반드시 입어라.

마실 음	먹을 식	비록 수	싫을 염		줄 여	어조사 지	반드시 필	먹을 식
飮	食	雖	厭		與	之	必	食

음식이 비록 싫더라도 / 주시면 반드시 먹어라.

아버지 부	어머니 모	없을 무	옷 의		말 물	생각 사	나 아	옷 의
父	**母**	**無**	**衣**		**勿**	**思**	**我**	**衣**

부모가 옷이 없으시거든 　　　나의 옷을 생각하지 말며

아버지 부	어머니 모	없을 무	밥 식		말 물	생각 사	나 아	밥 식
父	**母**	**無**	**食**		**勿**	**思**	**我**	**食**

부모가 밥이 없으시거든 　　　나의 밥을 생각하지 말라.

몸 신	몸 체	터럭 발	살갗 부		말 물	훼손할 훼	말 물	상할 상
身	**體**	**髮**	**膚**		**勿**	**毀**	**勿**	**傷**

신체와 머리털과 피부를 　　　훼손하지 말고 상하지 말라.

옷 의	옷 복	띠 대	신 화		말 물	잃을 실	말 물	찢을 렬
衣	**服**	**帶**	**靴**		**勿**	**失**	**勿**	**裂**

의복과 허리띠와 신발을 　　　잃지 말고 찢지 말라.

아버지 부	어머니 모	사랑할 애	어조사 지		기쁠 희	말이을 이	말 물	잊을 망
父	**母**	**愛**	**之**		**喜**	**而**	**勿**	**忘**

부모께서 사랑해 주시거든 　　　기뻐하고 잊지 말라.

아버지 부	어머니 모	꾸짖을 책	어조사 지		돌이킬 반	살필 성	말 물	원망할 원
父	**母**	**責**	**之**		**反**	**省**	**勿**	**怨**

부모께서 꾸짖으시거든 　　　반성하고 원망하지 말라.

말 물	오를 등	높을 고	나무 수		아버지 부	어머니 모	근심할 우	어조사 지
勿	**登**	**高**	**樹**		**父**	**母**	**憂**	**之**

높은 나무에 올라가지 말라 　　　부모께서 근심하시느니라.

말 물	헤엄칠 영	깊을 심	못 연		아버지 부	어머니 모	염려할 념	어조사 지
勿	**泳**	**深**	**淵**		**父**	**母**	**念**	**之**

깊은 못에서 헤엄치지 말라 　　　부모께서 염려하시느니라.

말 물	더불여	남 인	싸울 투
勿	與	人	鬪

남과 더불어 싸우지 말라

아버지 부	어머니 모	아니 불	편안할 안
父	母	不	安

부모께서 불안해 하시느니라.

방 실	집 당	있을 유	티끌 진
室	堂	有	塵

방과 당에 먼지가 있거든

항상 상	반드시 필	물뿌릴 쇄	쓸 소
常	必	灑	掃

항상 반드시 물뿌리고 청소하라.

일 사	반드시 필	여쭐 품	행할 행
事	必	稟	行

일은 반드시 여쭈어 행하고

없을 무	감히 감	스스로 자	멋대로할 전
無	敢	自	專

감히 자기 멋대로 하지 말라.

한 일	속일 기	아버지 부	어머니 모
一	欺	父	母

한 번 부모를 속이면

그 기	허물 죄	같을 여	산 산
其	罪	如	山

그 죄가 산과 같으니라.

눈 설	속 리	구할 구	죽순 순
雪	裏	求	筍

눈 속에서 죽순을 구한 것은

맏 맹	마루 종	어조사 지	효도 효
孟	宗	之	孝

맹종의 효도요

쪼갤 부	얼음 빙	얻을 득	잉어 리
剖	冰	得	鯉

얼음을 깨고 잉어를 얻는 것은

임금 왕	상서로울 상	어조사 지	효도 효
王	祥	之	孝

왕상의 효도이다.

나 아	몸 신	능할 능	어질 현
我	身	能	賢

내 몸이 능히 어질면

명예 예	미칠 급	아버지 부	어머니 모
譽	及	父	母

명예가 부모께 미치느니라.

나 아	몸 신	아니 불	어질 현
我	身	不	賢

내 몸이 어질지 못하면

욕될 욕	미칠 급	아버지 부	어머니 모
辱	及	父	母

욕이 부모께 미치느니라.

좇을 추	멀 원	갚을 보	근본 본
追	遠	報	本

멀리 가신 선조를 추모하고 근본에 보답하여

제사 제	제사 사	반드시 필	정성 성
祭	祀	必	誠

제사를 반드시 정성스럽게 지내라.

아닐 비	있을 유	먼저 선	할아버지 조
非	有	先	祖

선조가 있지 않았으면

나 아	몸 신	어찌 갈	날 생
我	身	曷	生

내 몸이 어찌 생겨났겠는가.

섬길 사	어버이 친	같을 여	이 차
事	親	如	此

어버이 섬기기를 이와 같이 하면

옳을 가	이를 위	효도 효	어조사 의
可	謂	孝	矣

효도한다고 이를 만하다.

아니 불	능할 능	같을 여	이 차
不	能	如	此

능히 이와 같이 하지 못하면

새 금	짐승 수	없을 무	다를 이
禽	獸	無	異

금수와 다름이 없느니라.

배울 학	넉넉할 우	곧 즉	벼슬 사
學	優	則	仕

배움이 넉넉하면 벼슬하여

위할 위	나라 국	다할 진	충성 충
爲	國	盡	忠

나라를 위해 충성을 다하라.

공경 경	믿을 신	절약할 절	쓸 용
敬	信	節	用

일을 공경하고 미덥게 하며 씀을 절약하여

사랑할 애	백성 민	같을 여	아들 자
愛	民	如	子

백성을 사랑하기를 자식과 같이 하라.

사람 인	인륜 륜	어조사 지	가운데 중
人	倫	之	中

인륜의 가운데에

충성 충	효도 효	될 위	근본 본
忠	孝	爲	本

충성과 효도가 근본이 되니

효도 효	마땅 당	다할 갈	힘 력
孝	當	竭	力

효도는 마땅히 힘을 다해야 하고

충성 충	곧 즉	다할 진	목숨 명
忠	則	盡	命

충성은 목숨을 다해야 한다.

남편 부	부인 부	어조사 지	인륜 륜	두 이	성 성	어조사 지	합할 합
夫	婦	之	倫	二	姓	之	合

부부의 인륜은 / 두 성씨가 합한 것이니

안 내	바깥 외	있을 유	분별 별	서로 상	공경 경	같을 여	손 빈
內	外	有	別	相	敬	如	賓

내외가 분별이 있어서 / 서로 공경하기를 손님처럼 하라.

남편 부	길 도	화할 화	의로울 의	아내 부	큰 덕	부드러울 유	순할 순
夫	道	和	義	婦	德	柔	順

남편의 도리는 화하고 의로운 것이요 / 부인의 덕은 유순한 것이니라.

남편 부	부를 창	부인 부	따를 수	집 가	길 도	이룰 성	어조사 의
夫	唱	婦	隨	家	道	成	矣

남편이 선창하고 부인이 따르면 / 가도가 이루어지리라.

맏 형	아우 제	언니 자	누이 매	한가지 동	기운 기	말이을 이	날 생
兄	弟	姉	妹	同	氣	而	生

형제와 자매는 / 같은 기운을 받고 태어났으니

맏 형	우애할 우	아우 제	공손할 공	아니 불	감히 감	원망할 원	성낼 노
兄	友	弟	恭	不	敢	怨	怒

형은 우애하고 아우는 공손하여 / 감히 원망하거나 성내지 말라.

뼈 골	살 육	비록 수	나눌 분	본디 본	날 생	한 일	기운 기
骨	肉	雖	分	本	生	一	氣

뼈와 살은 비록 나누어졌으나 / 본래 한 기운에서 태어났느니라.

형상 형	몸 체	비록 수	다를 이	본디 소	받을 수	한 일	피 혈
形	體	雖	異	素	受	一	血

형체는 비록 다르나 / 본래 한 핏줄을 받았느니라.

견줄 비	어조사 지	어조사 어	나무 목	한가지 동	뿌리 근	다를 이	가지 지
比	之	於	木	同	根	異	枝

이것을 나무에 비유하면　　　뿌리는 같고 가지는 다른 것이니라.

견줄 비	어조사 지	어조사 어	물 수	한가지 동	근원 원	다를 이	흐를 류
比	之	於	水	同	源	異	流

이것을 물에 비유하면　　　근원은 같고 흐름은 다른 것이니라.

맏 형	아우 제	화할 이	화할 이	다닐 행	곧 즉	기러기 안	항렬 항
兄	弟	怡	怡	行	則	雁	行

형제는 서로 화합하여　　　다닐 때에는 기러기 항렬처럼 하라.

잘 침	곧 즉	연할 연	이불 금	먹을 식	곧 즉	한가지 동	상 상
寢	則	連	衾	食	則	同	牀

잘 때에는 이불을 연하고　　　먹을 때에는 밥상을 함께 하라.

나눌 분	말 무	구할 구	많을 다	있을 유	없을 무	서로 상	통할 통
分	毋	求	多	有	無	相	通

나눌 때에 많음을 구하지 말며　　　있고 없는 것을 서로 통하라.

사사로이할 사	그 기	옷 의	밥 식	오랑캐 이	오랑캐 적	어조사 지	무리 도
私	其	衣	食	夷	狄	之	徒

그 의복과 음식을 사사로이 하면　　　오랑캐의 무리이니라.

맏 형	없을 무	옷 의	옷 복	아우 제	반드시 필	드릴 헌	어조사 지
兄	無	衣	服	弟	必	獻	之

형이 의복이 없거든　　　아우가 반드시 드려라.

아우 제	없을 무	마실 음	먹을 식	맏 형	반드시 필	줄 여	어조사 지
弟	無	飲	食	兄	必	與	之

아우가 음식이 없거든　　　형이 반드시 주어라.

한 일	잔 배	어조사 지	물 수		반드시 필	나눌 분	말이을 이	마실 음
一	杯	之	水		必	分	而	飮

한 잔의 물이라도 · 반드시 나누어 마시고

한 일	낱알 립	어조사 지	밥 식		반드시 필	나눌 분	말이을 이	먹을 식
一	粒	之	食		必	分	而	食

한 알의 음식이라도 · 반드시 나누어 먹어라.

맏 형	비록 수	꾸짖을 책	나 아		말 막	감히 감	항거할 항	성낼 노
兄	雖	責	我		莫	敢	抗	怒

형이 비록 나를 꾸짖더라도 · 감히 항거하고 성내지 말라.

아우 제	비록 수	있을 유	허물 과		모름지기 수	말 물	소리 성	꾸짖을 책
弟	雖	有	過		須	勿	聲	責

아우가 비록 잘못이 있더라도 · 모름지기 소리내어 꾸짖지 말라.

맏 형	아우 제	있을 유	착할 선		반드시 필	칭찬할 예	어조사 우	바깥 외
兄	弟	有	善		必	譽	于	外

형제간에 착한 일이 있으면 · 반드시 밖에 칭찬하라.

맏 형	아우 제	있을 유	잘못 실		숨길 은	말이을 이	말 물	드날릴 양
兄	弟	有	失		隱	而	勿	揚

형제간에 잘못이 있으면 · 숨기고 드러내지 말라.

맏 형	아우 제	있을 유	어려울 난		근심할 민	말이을 이	생각 사	구원할 구
兄	弟	有	難		悶	而	思	救

형제간에 어려운 일이 있으면 · 근심하고 구원해 줄 것을 생각하라.

맏 형	능할 능	같을 여	이 차		아우 제	또 역	본받을 효	어조사 지
兄	能	如	此		弟	亦	效	之

형이 능히 이와 같이 하면 · 아우 또한 본받으리라.

나 아	있을 유	기쁠 환	즐거울 락		맏 형	아우 제	또 역	즐거울 락
我	有	歡	樂		兄	弟	亦	樂

나에게 기쁨과 즐거움이 있으면 ｜ 형제 또한 즐거워하느니라.

나 아	있을 유	근심 우	근심 환		맏 형	아우 제	또 역	근심 우
我	有	憂	患		兄	弟	亦	憂

나에게 근심과 걱정이 있으면 ｜ 형제 또한 근심하느니라.

비록 수	있을 유	다를 타	친척 친		어찌 기	같을 약	맏 형	아우 제
雖	有	他	親		豈	若	兄	弟

비록 다른 친척이 있으나 ｜ 어찌 형제간만 하겠는가.

맏 형	아우 제	화할 화	화목할 목		아버지 부	어머니 모	기쁠 희	어조사 지
兄	弟	和	睦		父	母	喜	之

형제가 화목하면 ｜ 부모께서 기뻐하시느니라.

섬길 사	스승 사	같을 여	어버이 친		반드시 필	공손할 공	반드시 필	공경할 경
事	師	如	親		必	恭	必	敬

스승 섬기기를 어버이와 같이 하여 ｜ 반드시 공손하고 반드시 공경하라.

먼저 선	날 생	베풀 시	가르칠 교		아우 제	아들 자	이 시	본받을 칙
先	生	施	敎		弟	子	是	則

선생께서 가르침을 베푸시거든 ｜ 제자들은 이것을 본받아라.

일찍 숙	일어날 흥	밤 야	잘 매		말 물	게으를 라	읽을 독	글 서
夙	興	夜	寐		勿	懶	讀	書

일찍 일어나고 밤늦게 자서 ｜ 책 읽기를 게을리하지 말라.

부지런할 근	힘쓸 면	공부 공	남편 부		아버지 부	어머니 모	기쁠 열	어조사 지
勤	勉	工	夫		父	母	悅	之

공부를 부지런히 힘쓰면 ｜ 부모께서 기뻐하시느니라.

처음 시	익힐 습	글월 문	글자 자		글자 자	그을 획	바를 해	바를 정
始	習	文	字		字	畫	楷	正

처음 문자를 익히거든 / 글자의 획을 바르게 써라.

글 서	책 책	이리 랑	깔 자		매양 매	반드시 필	정리할 정	정돈할 돈
書	册	狼	藉		每	必	整	頓

서책이 낭자하거든 / 매양 반드시 정돈하라.

능할 능	효도 효	능할 능	공경할 제		없을 막	아닐 비	스승 사	은혜 은
能	孝	能	悌		莫	非	師	恩

능히 효도하고 능히 공경하는 것이 / 스승의 은혜 아님이 없느니라.

능할 능	알 지	능할 능	행할 행		다 총	이 시	스승 사	공 공
能	知	能	行		總	是	師	功

능히 알고 능히 행하는 것이 / 다 스승의 공이니라.

어른 장	놈 자	사랑할 자	어릴 유		어릴 유	놈 자	공경할 경	어른 장
長	者	慈	幼		幼	者	敬	長

어른은 어린이를 사랑하고 / 어린이는 어른을 공경하라.

어른 장	놈 자	어조사 지	앞 전		나아갈 진	물러갈 퇴	반드시 필	공손할 공
長	者	之	前		進	退	必	恭

어른의 앞에서는 / 나아가고 물러가기를 반드시 공손히 하라.

해 년	많을 장	써 이	곱절 배		아버지 부	써 이	섬길 사	어조사 지
年	長	以	倍		父	以	事	之

나이가 많아 곱절이 되거든 / 아버지로 섬기고

열 십	해 년	써 이	많을 장		맏 형	써 이	섬길 사	어조사 지
十	年	以	長		兄	以	事	之

열 살이 더 많으면 / 형으로 섬겨라.

나 아	공경할 경	남 인	어버이 친		남 인	공경할 경	나 아	어버이 친
我	敬	人	親		人	敬	我	親

내가 남의 어버이를 공경하면   남이 내 어버이를 공경하느니라.

나 아	공경할 경	남 인	맏 형		남 인	공경할 경	나 아	맏 형
我	敬	人	兄		人	敬	我	兄

내가 남의 형을 공경하면   남이 내 형을 공경하느니라.

손 빈	손 객	올 래	찾을 방		대접할 접	대접할 대	반드시 필	정성 성
賓	客	來	訪		接	待	必	誠

손님이 찾아오거든   접대하기를 반드시 정성스럽게 하라.

손 빈	손 객	아니 불	올 래		문 문	문 호	고요할 적	고요할 막
賓	客	不	來		門	戶	寂	寞

손님이 오지 않으면   문호가 적막해지느니라.

사람 인	어조사 지	있을 재	세상 세		아니 불	옳을 가	없을 무	벗 우
人	之	在	世		不	可	無	友

사람이 세상에 있으매   친구가 없을 수 없느니라.

써 이	글월 문	모을 회	벗 우		써 이	벗 우	도울 보	어질 인
以	文	會	友		以	友	輔	仁

글로써 벗을 모으고   벗으로써 인의 행실을 도와라.

벗할 우	그 기	바를 정	사람 인		나 아	또 역	스스로 자	바를 정
友	其	正	人		我	亦	自	正

그 바른 사람을 벗하면   나 또한 저절로 바르게 되느니라.

좇을 종	놀 유	간사할 사	사람 인		나 아	또 역	스스로 자	간사할 사
從	遊	邪	人		我	亦	自	邪

간사한 사람을 따라서 놀면   나 또한 저절로 간사해지느니라.

쑥 봉	날 생	삼 마	가운데 중	아니 불	붙들 부	스스로 자	곧을 직
蓬	生	麻	中	不	扶	自	直

쑥이 삼 가운데서 자라면　　　붙들어주지 않아도 저절로 곧아지고

흰 백	모래 사	있을 재	진흙 니	아니 불	물들일 염	스스로 자	더러울 오
白	沙	在	泥	不	染	自	汚

흰 모래가 진흙에 있으면　　　물들이지 않아도 저절로 더러워지느니라.

가까울 근	먹 묵	놈 자	검을 흑	가까울 근	붉을 주	놈 자	붉을 적
近	墨	者	黑	近	朱	者	赤

먹을 가까이 하는 자는 검어지고　　　주사(朱砂)를 가까이하는 자는 붉어지니

살 거	반드시 필	가릴 택	이웃 린	나아갈 취	반드시 필	있을 유	큰 덕
居	必	擇	鄰	就	必	有	德

살 때에는 반드시 이웃을 가리고　　　나아갈 때에는 반드시 덕있는 이에게 하라.

가릴 택	말이을 이	사귈 교	어조사 지	있을 유	바 소	도울 보	유익할 익
擇	而	交	之	有	所	補	益

가려서 사귀면　　　도움과 유익함이 있느니라.

아니 불	가릴 택	말이을 이	사귈 교	도리어 반	있을 유	해로울 해	어조사 의
不	擇	而	交	反	有	害	矣

가리지 않고 사귀면　　　도리어 해가 있느니라.

벗 붕	벗 우	있을 유	허물 과	충성 충	말할 고	착할 선	인도할 도
朋	友	有	過	忠	告	善	導

친구가 잘못이 있거든　　　충고하여 선으로 인도하라.

사람 인	없을 무	꾸짖을 책	벗 우	쉬울 이	빠질 함	아니 불	옳을 의
人	無	責	友	易	陷	不	義

사람이 꾸짖어주는 친구가 없으면　　　옳지 못한데 빠지기 쉬우니라.

낯 면	기릴 찬	나 아	착할 선		아첨할 첨	아첨할 유	어조사 지	사람 인
面	讚	我	善		諂	諛	之	人

대면하여 나의 착한 것을 칭찬하면 아첨하는 사람이니라.

낯 면	꾸짖을 책	나 아	허물 과		굳셀 강	곧을 직	어조사 지	사람 인
面	責	我	過		剛	直	之	人

대면하여 나의 잘못을 꾸짖으면 강직한 사람이니라.

말씀 언	말이을 이	아니 불	믿을 신		아닐 비	곧을 직	어조사 지	벗 우
言	而	不	信		非	直	之	友

말함에 성실하지 못하면 정직한 벗이 아니니라.

볼 견	착할 선	좇을 종	어조사 지		알 지	허물 과	반드시 필	고칠 개
見	善	從	之		知	過	必	改

착한 것을 보면 따르고 잘못을 알면 반드시 고쳐라.

기쁠 열	사람 인	기릴 찬	놈 자		일백 백	일 사	다 개	거짓 위
悅	人	讚	者		百	事	皆	僞

남의 칭찬을 좋아하는 자는 온갖 일이 다 거짓이니라.

싫을 염	사람 인	꾸짖을 책	놈 자		그 기	행실 행	없을 무	나아갈 진
厭	人	責	者		其	行	無	進

남의 꾸짖음을 싫어하는 자는 그 행실이 진전이 없느니라.

으뜸 원	형통할 형	이로울 리	곧을 정		하늘 천	길 도	어조사 지	떳떳할 상
元	亨	利	貞		天	道	之	常

원·형·이·정은 천도의 떳떳함이요

어질 인	옳을 의	예법 례	지혜 지		사람 인	성품 성	어조사 지	벼리 강
仁	義	禮	智		人	性	之	綱

인·의·예·지는 인성의 벼리이니라.

아버지 부	아들 자	있을 유	친할 친		임금 군	신하 신	있을 유	옳을 의
父	子	有	親		君	臣	有	義

부자간에는 친함이 있으며 / 군신간에는 의리가 있으며

남편 부	부인 부	있을 유	분별 별		어른 장	어릴 유	있을 유	차례 서
夫	婦	有	別		長	幼	有	序

부부간에는 분별이 있으며 / 장유간에는 차례가 있으며

벗 붕	벗 우	있을 유	믿을 신		이 시	이를 위	다섯 오	인륜 륜
朋	友	有	信		是	謂	五	倫

붕우간에는 신의가 있으니 / 이것을 오륜이라고 이르느니라.

임금 군	될 위	신하 신	벼리 강		아버지 부	될 위	아들 자	벼리 강
君	爲	臣	綱		父	爲	子	綱

임금은 신하의 벼리가 되고 / 아버지는 자식의 벼리가 되고

남편 부	될 위	부인 부	벼리 강		이 시	이를 위	셋 삼	벼리 강
夫	爲	婦	綱		是	謂	三	綱

남편은 아내의 벼리가 되니 / 이것을 삼강이라고 이르느니라.

사람 인	바 소	써 이	귀할 귀		써 이	그 기	인륜 륜	벼리 강
人	所	以	貴		以	其	倫	綱

사람이 귀한 이유는 / 그 오륜과 삼강 때문이니라.

발 족	모양 용	반드시 필	무거울 중		손 수	모양 용	반드시 필	공손할 공
足	容	必	重		手	容	必	恭

발 모양은 반드시 무겁게 하며 / 손 모양은 반드시 공손하게 하며

눈 목	모양 용	반드시 필	단정할 단		입 구	모양 용	반드시 필	그칠 지
目	容	必	端		口	容	必	止

눈 모양은 반드시 단정하게 하며 / 입 모양은 반드시 그치며

소리 성　모양 용　반드시 필　고요할 정

聲 容 必 靜

소리 모양은 반드시 조용하게 하며

머리 두　모양 용　반드시 필　곧을 직

頭 容 必 直

머리 모양은 반드시 곧게 하며

기운 기　모양 용　반드시 필　엄숙할 숙

氣 容 必 肅

숨 쉬는 모양은 반드시 엄숙하게 하며

설 립　모양 용　반드시 필　큰 덕

立 容 必 德

서 있는 모양은 반드시 덕스럽게 하며

낯빛 색　모양 용　반드시 필　씩씩할 장

色 容 必 莊

얼굴 모양은 반드시 씩씩하게 할 것이니

이 시　가로 왈　아홉 구　모양 용

是 曰 九 容

이것을 구용이라 하느니라.

볼 시　반드시 필　생각할 사　밝을 명

視 必 思 明

볼 때에는 반드시 밝게 볼 것을 생각하며

들을 청　반드시 필　생각할 사　귀밝을 총

聽 必 思 聰

들을 때에는 반드시 귀밝게 들을 것을 생각하며

낯빛 색　반드시 필　생각할 사　온화할 온

色 必 思 溫

얼굴빛은 반드시 온화할 것을 생각하며

모양 모　반드시 필　생각할 사　공손할 공

貌 必 思 恭

용모는 반드시 공손할 것을 생각하며

말씀 언　반드시 필　생각할 사　충성 충

言 必 思 忠

말은 반드시 성실하게 할 것을 생각하며

일 사　반드시 필　생각할 사　공경할 경

事 必 思 敬

일은 반드시 공경할 것을 생각하며

의심할 의　반드시 필　생각할 사　물을 문

疑 必 思 問

의심날 적에는 반드시 물을 것을 생각하며

분할 분　반드시 필　생각할 사　어려울 난

忿 必 思 難

분이 날 적에는 반드시 환난을 생각하며

볼 견　얻을 득　생각할 사　옳을 의

見 得 思 義

얻는 것을 보면 의를 생각해야 하니

이 시　가로 왈　아홉 구　생각할 사

是 曰 九 思

이것을 구사라 하느니라.

아닐 비 예법 례 말 물 볼 시
非 禮 勿 視
예가 아니면 보지 말며

아닐 비 예법 례 말 물 들을 청
非 禮 勿 聽
예가 아니면 듣지 말며

아닐 비 예법 례 말 물 말씀 언
非 禮 勿 言
예가 아니면 말하지 말며

아닐 비 예법 례 말 물 움직일 동
非 禮 勿 動
예가 아니면 동하지 말라.

행실 행 반드시 필 바를 정 곧을 직
行 必 正 直
행실은 반드시 바르고 곧게 하고

말씀 언 곧 즉 믿을 신 성실할 실
言 則 信 實
말은 미덥고 성실하게 하라.

얼굴 용 모양 모 바를 단 바를 정
容 貌 端 正
용모를 단정하게 하고

옷 의 갓 관 정돈할 정 가지런할 제
衣 冠 整 齊
의관을 정돈되고 가지런하게 하라.

살 거 처할 처 반드시 필 공손할 공
居 處 必 恭
거처를 반드시 공손히 하고

걸음 보 밟을 리 편안할 안 자세할 상
步 履 安 詳
걸음걸이를 편안하고 조용히 하라.

일할 작 일 사 꾀할 모 처음 시
作 事 謀 始
일을 할 때엔 시작을 도모하고

나갈 출 말씀 언 돌아볼 고 행실 행
出 言 顧 行
말을 낼 때엔 행실을 돌아보라.

항상 상 큰 덕 굳을 고 잡을 지
常 德 固 持
떳떳한 덕을 굳게 지키고

그럴 연 승낙할 낙 신중할 중 응할 응
然 諾 重 應
승낙할 때엔 신중히 응하라.

마실 음 먹을 식 삼갈 신 절제할 절
飲 食 愼 節
음식을 삼가고 절제하고

말씀 언 말씀 어 공손할 공 겸손할 손
言 語 恭 遜
언어를 공손히 하라.

큰 덕　업 업　서로 상　권할 권
德 業 相 勸
덕업으로 서로 권하고

허물 과　잘못 실　서로 상　타이를 규
過 失 相 規
과실을 서로 타이르며

예법 례　풍속 속　서로 상　사귈 교
禮 俗 相 交
예의의 풍속으로 서로 사귀고

근심 환　어려울 난　서로 상　구휼할 휼
患 難 相 恤
환난을 서로 구휼하라.

가난할 빈　곤궁할 궁　곤할 곤　재앙 액
貧 窮 困 厄
빈궁과 재액이 있을 때에는

친할 친　겨레 척　서로 상　구원할 구
親 戚 相 救
친척들이 서로 구원하며

혼인할 혼　혼인할 인　죽을 사　죽을 상
婚 姻 死 喪
혼인과 초상에는

이웃 린　보전할 보　서로 상　도울 조
鄰 保 相 助
이웃끼리 서로 도우라.

닦을 수　몸 신　가지런할 제　집 가
修 身 齊 家
몸을 닦고 집안을 가지런히 하는 것은

다스릴 치　나라 국　어조사 지　근본 본
治 國 之 本
나라를 다스리는 근본이요

읽을 독　글 서　부지런할 근　검소할 검
讀 書 勤 儉
책을 읽으며 부지런하고 검소함은

일어날 기　집 가　어조사 지　근본 본
起 家 之 本
집안을 일으키는 근본이다.

충성 충　믿을 신　자랑할 자　착할 상
忠 信 慈 祥
충실하고 자상하며

온순할 온　어질 량　공손할 공　검소할 검
溫 良 恭 儉
온순하고 어질고 공손하고 겸손하라.

사람 인　어조사 지　큰 덕　행실 행
人 之 德 行
사람의 덕행은

겸손할 겸　사양할 양　될 위　윗 상
謙 讓 爲 上
겸양이 최상이 되느니라.

말 막	말씀 담	다를 타	짧을 단		말 미	믿을 시	몸 기	길 장
莫	談	他	短		靡	恃	己	長

다른 사람의 단점을 말하지 말고 · 자기의 장점을 믿지 말라.

몸 기	바 소	아니 불	하고자할 욕		말 물	베풀 시	어조사 어	남 인
己	所	不	欲		勿	施	於	人

자기가 하고자 하지 않는 것을 · 남에게 베풀지 말라.

쌓을 적	착할 선	어조사 지	집 가		반드시 필	있을 유	남을 여	경사 경
積	善	之	家		必	有	餘	慶

선행을 쌓은 집에는 · 반드시 뒤에 경사가 있느니라.

아니 불	착할 선	어조사 지	집 가		반드시 필	있을 유	남을 여	재앙 앙
不	善	之	家		必	有	餘	殃

불선한 집에는 · 반드시 뒤에 재앙이 있느니라.

덜 손	사람 인	이로울 리	몸 기		마칠 종	이 시	스스로 자	해칠 해
損	人	利	己		終	是	自	害

남을 손해보게 하고 자신을 이롭게 하면 · 마침내 자신을 해치는 것이다.

재앙 화	복 복	없을 무	문 문		오직 유	사람 인	바 소	부를 소
禍	福	無	門		惟	人	所	召

화와 복은 문이 없어 · 오직 사람이 부르는 대로 오느니라.

탄식할 차	탄식할 차	작을 소	아들 자		공경할 경	받을 수	이 차	책 서
嗟	嗟	小	子		敬	受	此	書

아! 소자들아 · 공경히 이 책을 받아라.

아닐 비	나 아	말씀 언	늙은이 모		오직 유	성인 성	어조사 지	가르칠 모
非	我	言	耄		惟	聖	之	謨

내 말은 늙은이의 망녕이 아니라 · 성인의 가르침이시니라.

펜글씨 教本

四	丶冂冈四四				
字	丶宀宇字				
小	亅小小				
學	乛乍乺㪺臼 臾壆學				
父	丶八父父				
生	丿亡牛生				
我	二千手我 我				
身	亻竹月身身				
母	乚𠂆母母				
鞠	一卄艹苫茞革 勒靬鞠鞠				
腹	刖朋胪腹腹 腹腹腹				

以	╰ ╰ ╰ 以				
懷	╰ 忄 忄 忄 忄 忄 忄 忄 懷 懷				
乳	╰ ╰ 乊 乳 乳				
哺	口 口 口 哻 哻 哺 哺				
衣	亠 亠 衣 衣				
溫	氵 氵 汩 汩 汩 溫 溫				
食	八 今 今 食 食 良				
飽	八 今 食 食 飠 飣 飣 飽				
恩	冂 用 因 因 恩 恩				
高	亠 古 高 高				
如	╰ 夂 女 如 如				

天	一 二 于 天				
德	彳 彳 彷 徣 徳 德 德				
厚	厂 厚 厚 厚				
似	亻 化 似 似				
地	十 坩 地 地				
爲	爫 爫 爲 爲 爲				
人	丿 人				
子	了 了 子				
者	土 耂 者 者				
曷	日 昜 曷 曷				
不	一 丆 不 不				

孝	土	耂	考	孝				
欲	八	父	各	欲	欲			
報	土	古	幸	幸	幸			
報	郣	報	報					
其	一	廿	甘	其				
其	其							
昊	日	旦	杲	昊				
囹	冂	冈	冏	囹				
極	十	朽	柯	極				
極								
晨	日	昗	晨	晨				
必	心	心	必	必				
先	丷	生	先	先				
起	土	丰	走	起				

盥	亻乍乍乺敝敝 敝 臾 盥				
漱	氵氵沪漱 漱				
昏	亡氏氏昏				
定	宀宁宇定				
省	小少省省				
冬	丿夂夂冬				
夏	丆百頁夏				
清	氵氵沣清 清				
唯	口叮呒唯 唯唯				
而	一丆丆而				
趨	走赴赳趉 趨				

進 亻 作 隹 進 進				
使 亻 佢 使 使				
勿 ノ 勺 勿 勿				
逆 丷 屰 屰 逆				
怠 厶 台 怠 怠				
有 一 ナ 冇 有				
命 스 合 命 命				
坐 人 从 半 坐				
俯 亻 亻 佇 佇 俯 俯				
首 丷 ソ 首 首				
敬 卄 苟 苟 敬 敬				

聽	丁 王 耳 計 睡 聽 聽				
立	亠 六 六 立				
出	丨 屮 出				
入	丿 入				
每	丿 仁 勹 每 每				
服	刀 月 肌 服				
踰	口 早 足 跄 踰 踰				
踐	足 趺 踐 踐				
疾	亠 广 疒 疒 疟 疾 疾				
憂	丁 百 百 恿 憂 憂				
謀	亠 言 言 訓 訕 誹 諌 謀				

瘳	广 疒 疒 病 瘉 瘳				
對	⺍ ⺉ 丵 丵 丵 丵 對 對				
案	宀 宀 安 安 安 案 案				
思	冂 田 田 思				
得	彳 彳 得 得				
良	亠 ㄅ 良 良				
饌	今 食 飠 飠 飠 飠 饌				
告	丿 牛 牛 告				
之	丶 ㇀ ㇒ 之				
反	厂 厉 反				
面	丆 丙 而 面				

愼	ㅏ ㅏ ㅏ ㅏ 恗 愼 愼				
遠	土 吉 亨 袁 遠				
遊	亠 方 方 扩 斿 遊				
方	丶 亠 宁 方				
門	丨 卩 卩 卩 門 門				
戶	丶 与 月 戶				
開	尸 門 門 開 開				
閉	尸 門 門 閉 閉				
恭	一 廿 世 共 恭 恭 恭				
中	丶 口 口 中				
房	丶 与 戶 房				

行	彳 行 行				
慢	忄 忄 悍 慢				
步	丨 卜 止 止 步 步				
倚	亻 仁 佚 佚 倚 倚				
口	丶 口 口				
雜	亠 广 � 杂 新 新 雜				
談	亠 言 言 計 訣 誃 談				
手	一 二 三 手				
戲	卜 占 庐 庐 虍 唐 虘 壹 壹 戲				
膝	月 月 胩 肤 肤 膝 膝				
前	丷 丷 肖 前				

親	亠 立 亲 新 親 親 親				
仰	亻 化 们 仰				
須	彡 纩 頒 須				
放	亠 方 放 放				
笑	𥫗 竹 竿 笑				
亦	一 亣 亣 亦				
聲	士 吉 吉 声 声 殸 殸 聲				
侍	亻 什 侍 侍				
怒	乂 女 奴 怒				
責	二 主 責 責				
踞	口 尸 足 距 距 踞 踞				

臥	厂 尸 尸 臣 臥				
獻	卢 虍 虍 虐 虙 虙 虙 虙 獻 獻				
物	ノ 牛 牛 牜 物 物				
跪	口 足 趴 趴 跪				
與	ㅌ 臼 臼 臼 臼 臼 與				
飮	今 飮 飮				
受	爫 爫 受 受				
器	口 吅 哭 器				
若	一 艹 芝 芋 若				
美	丷 主 兰 美				
味	口 口 吁 咊 味				

歸	亻 尸 自 自 自 自 自 自 归 歸				
雖	口 吕 吊 虽 虽 虽 雖 雖				
惡	一 工 严 严 亞 惡				
著	艹 芏 荚 著				
厭	厂 厈 厊 厭 厭 厭				
無	人 仁 価 無 無				
體	口 丹 冎 骨 骨 骨 體 體 體				
髮	厂 镸 镸 髟 髟 髮 髮				
膚	卢 虍 膚 膚				
毀	亻 丆 闩 臼 毘 毀 毀				
傷	亻 亻 佇 傷 傷				

帶	一 卅 廿 卅 卅 卅 帯 帶				
靴	廿 苗 莒 靮 靴				
失	ノ 仁 失 失				
裂	歹 歹 列 烈 裂				
愛	⺥ 严 悉 愛 愛				
喜	士 吉 壴 壴 喜				
忘	亠 亡 忘				
怨	ク 夕 夘 夗 怨				
登	夕 癶 癶 咎 登				
樹	木 杧 桔 梼 樹 樹				
泳	氵 沪 泂 泳				

深	氵 沪 深 深				
淵	氵 沪 沪 沪 渊 渊 淵				
念	人 今 念				
鬪	厂 F 厈 胜 鬪 鬪 鬪				
安	丶 宀 宊 安				
室	宀 宏 室				
堂	丷 严 告 堂				
塵	广 庐 庐 庐 鹿 塵				
灑	氵 沪 洒 澗 灑 灑 灑 灑				
掃	一 才 扫 扫 掃 掃				
事	口 写 写 事				

稟	亠 亠 高 宣 亶 亶 稟				
行	彳 彳 行				
敢	干 王 貢 取 敢				
自	亻 冂 自				
專	冂 甫 虫 重 專				
欺	一 廿 其 其 其 欺				
罪	冂 四 严 罪 罪 罪				
山	丨 山 山				
雪	宀 中 雨 雪 雪 雪				
裏	亠 亠 言 車 重 裏 裏				
求	一 寸 寸 求 求				

筍	⺮ 竹 竻 筍				
孟	了 子 呑 孟				
宗	宀 宀 宇 宗				
剖	亠 立 咅 剖				
冰	冫 冫 冰 冰				
鯉	勹 夆 魚 魿 魣 魣 鯉				
王	一 二 干 王				
祥	二 亓 亦 衤 衵 祥				
能	ㄙ 育 育 能 能				
賢	厂 臣 臣 臤 臤 臤 賢				
譽	臼 臼 臼 臼 與 與 譽				

及	ノ 丿 乃 及				
辱	厂 厃 辰 辰 辱				
追	亻 𠂤 𠂤 追				
本	十 木 本				
祭	ク タ 夕 夕 タ 癶 癶 祭				
祀	二 亍 亍 示 礻 礻 祀				
誠	言 訁 訂 訮 誠 誠				
非	｜ 丬 非 非				
祖	二 示 初 祖				
此	卜 止 此 此				
矣	厶 台 台 矣				

禽	厽 仒 金 禽 禽				
獸	⌗ 留 嘼 獸				
異	田 甲 畢 異				
優	亻 伓 值 傊 優 優				
則	冂 貝 則				
仕	亻 仁 什 仕				
國	冂 同 同 國 國 國 國				
盡	孑 聿 畫 肃 畫 盡				
忠	口 中 忠				
信	亻 信 信				
節	竹 笁 笳 筤 節				

用	刀 月 用				
民	ㄱ 尸 民 民				
倫	亻 伶 伶 伶 倫				
當	小 严 凿 當				
竭	立 坮 蝎 竭				
力	フ 力				
夫	二 夫 夫				
婦	く 女 女 婦 婦 婦				
姓	く 女 女 姓				
合	人 合 合				
內	丨 冂 内 内				

外 ク タ タ 外				
別 ロ 尸 另 別				
相 十 木 相 相				
賓 宀 宀 宀 宀 宀 審 賓				
道 丷 芐 首 道				
和 二 禾 和 和				
義 丷 主 羊 羊 義 義				
柔 マ ヌ 予 矛 柔				
順 川 川 順 順				
唱 口 吕 唱				
隨 阝 阝 阝 陏 隋 隨				

成	ノ 厂 厂 斤 斤 成 成 成				
姊	く 女 女 妁 姊 姊				
妹	く 女 女 妹				
同	丨 冂 冂 同				
氣	⺧ 气 气 氕 氖 氣				
兄	口 口 尸 兄				
友	一 ナ 方 友				
弟	⺍ 弔 弔 弟 弟				
骨	冂 日 冎 骨				
肉	冂 内 肉				
分	八 分 分				

形	二 开 形				
素	十 丰 青 表 青 素				
一	一				
血	ノ 白 血				
比	一 上 比 比				
於	二 方 於 於				
木	一 十 才 木				
根	十 木 村 根 根				
枝	十 木 枋 枝 枝				
水	亅 기 水 水				
源	氵 汇 沪 沥 源 源				

流	シ シ 汢 汢 流 流				
怡	ヽ 忄 忄 怡				
雁	厂 厈 雁 雁 雁				
寢	宀 宁 宇 宇 寑 寝 寝				
連	白 亘 車 連				
衾	人 今 全 全 衾				
牀	丨 爿 牀				
毋	ㄴ 勺 毋 毋				
多	ク 夕 多 多				
通	マ 予 甬 甬 通				
私	二 禾 私				

夷	一 ⁼ 弖 夷 夷				
狄	ノ ⁊ ⁊ 犰 狄				
徒	彳 彳 徍 徒 徒				
杯	十 木 杧 杯				
粒	�º 半 米 粒				
莫	艹 莒 莒 莫				
抗	十 扌 扩 扩 抗				
過	冂 冋 咼 咼 過				
善	�° 彐 羊 羊 善				
于	一 二 于				
隱	阝 阝 阽 隊 隱				

揚	扌扌担担揚				
難	艹苦莒菓鄭 難難				
悶	尸門門門悶				
救	寸寸求求救救				
效	亠六交刻效				
歡	艹芇茻萑藿歡				
樂	白鉑樂樂				
患	口吕串患				
他	亻仁仲他				
豈	山岀岂豈				
睦	冂目旷眭睦				

師	亻 厂 自 自 師 師				
施	亠 方 扩 扩 施				
教	乂 孑 孝 孝 教 教				
是	日 旦 昰 是				
夙	丿 几 凡 夙 夙				
興	乍 乍 佣 咡 興 興				
夜	亠 疒 疒 疒 疒 疒				
寐	宀 宀 宀 寐 寐				
懶	忄 忄 忄 忄 懶				
讀	言 言 言 言 讀 讀				
書	彐 書 書 書				

勤	卝 芦 莒 莖 菫 勤 勤				
勉	ク 名 免 免 勉				
悅	忄 忄 忰 悅				
始	く 女 女 始				
習	刁 刃 羽 習				
文	丶 亠 亣 文				
字	宀 宁 字				
畫	肀 聿 聿 書 畵 畫				
楷	木 杧 桄 楷				
正	一 丁 下 下 正				
冊	丿 刀 刑 冊				

狼	ノ 犭 犭 狎 狃 狼 狼 狼				
藉	一 艹 苎 莘 藉 藉 藉				
整	日 束 敕 敕 整 整				
頓	口 屯 屯 頓				
悌	忄 忄 怅 悌 悌				
知	㇒ 矢 知				
總	糸 紒 總 絶 總				
功	丁 工 玏 功				
退	ヨ 艮 艮 退				
倍	亻 仲 位 倍				
長	丨 F 토 長 長				

年	∠ ┌ 仁 年				
客	宀 岁 安 客				
訪	言 訁 訪 訪				
接	扌 扩 护 接				
待	彳 仕 待 待				
寂	宀 宀 宋 寂				
寞	宀 安 宵 寞				
在	一 大 才 在				
世	一 廿 廿 世				
可	一 可 可				
會	人 合 侖 侖 會				

輔	曰 亘 車 軒 軒 輔 輔				
仁	亻 仁 仁				
從	彳 彳 彴 徉 從				
邪	匸 牙 牙 邪 邪				
蓬	卝 芖 芝 苤 莑 蓬				
麻	广 庁 床 麻				
扶	扌 扌 扵 扶				
直	十 直 直				
白	丿 亻 白 白				
沙	氵 氵 沙 沙				
泥	氵 沪 沪 泥				

染	氵 氿 染 染				
汚	氵 汀 汚				
近	亻 斤 斤 近				
墨	四 四 甲 里 黑 墨 墨				
黑	四 甲 里 黑				
朱	乀 广 牛 朱				
赤	十 土 赤 赤				
居	尸 尸 居 居				
擇	扌 押 捏 捏 擇				
鄰	丷 半 米 类 粦 粦 鄰 鄰				
就	亠 古 京 京 就 就				

交	亠 六 亣 交				
所	厂 戶 所 所				
補	衤 衤 衤 衧 袻 補				
盍	八 公 会 盍				
害	宀 宀 宝 害				
導	丷 首 道 導				
易	日 昜 易				
陷	阝 阝 陷 陷				
讚	言 訁 言 譁 譁 讚 讚				
詔	言 訁 詔 詔				
諜	言 訁 詝 諜 諜				

剛	冂 冎 岡 剛				
百	一 丆 石 百				
皆	ヒ 比 毕 皆				
僞	亻 伊 伊 僞 僞				
元	二 テ 元				
亨	亠 古 亨				
利	二 禾 利				
貞	卜 卣 貞				
禮	示 祀 神 神 禮 禮				
智	亻 矢 知 智				
性	忄 忄 忄 性				

綱	幺 糸 紀 納 綱				
君	ユ ㅋ 尹 君				
臣	｜ 𦥑 𦥑 臣 臣				
幼	幺 幻 幼				
序	广 疒 序 序				
朋	刀 月 朋				
謂	言 詛 謂				
五	丁 五 五				
三	一 三				
貴	口 中 虫 貴				
足	口 𠯢 足 足				

容	宀	宊	容				
重	二	盲	盲	重			
	重						
目	冂	目					
端	立	珃	埓	端			
止	卜	止	止				
靜	二	圭	青	青	青		
	靜	靜					
頭	口	豆	豇	頭			
肅	肀	尹	声	庐			
	肁	肁	肅	肅			
色	勹	夕	五	色			
莊	艹	艻	荘	莊			
日	冂	冃	日				

九	ノ 九			
視	亍 礻 礼 視			
明	冂 日 日 明			
聰	丁 王 耳 耵 耵 耵 聰			
貌	ᄽ 豸 豹 豹 貌			
疑	ノ ヒ 失 矣 疑			
問	冃 門 門 問			
忿	八 分 分 忿			
動	二 百 車 重 動			
實	宀 宀 宔 宔 宔 實			
冠	冖 冖 冠 冠			

齊	一 宀 宀 亦 亦 亦 齊 齊				
處	卢 虍 虔 處				
履	尸 尸 犀 屑 履				
詳	言 言 詳 詳				
作	亻 仁 作 作				
謀	言 討 謀				
顧	戶 戽 雇 顧				
固	冂 固 固				
持	扌 扌 扗 持				
然	夕 夕 狀 然				
諾	言 討 詰 諾				

應 广 疒 府 雁 應				
愼 忄 忙 愼 愼				
遜 孑 孫 孫 遜				
業 卝 业 丵 業				
勸 苩 萉 雚 勸				
俗 亻 伀 俗 俗				
恤 忄 忼 恤 恤				
貧 八 分 貪 貧				
窮 宀 穴 窍 窮 窮 窮				
困 冂 困 困				
危 厂 厃 厄				

戚	厂 厇 庈 戚				
婚	女 妖 妡 婚				
姻	女 妁 姻 姻				
死	一 歹 死				
喪	一 吅 兩 亜 喪 喪				
保	亻 佁 保				
助	刂 月 且 助				
修	亻 亻 修 修				
家	宀 宁 宇 家 家				
治	氵 汁 治				
儉	亻 伶 佮 儉 儉				

慈	十 圭 兹 慈				
謙	言 言′ 誯 謙 謙				
讓	言 訂 誯 諱 謹 譲 讓				
上	l ト 上				
短	ヒ 矢 短				
靡	广 床 麻 靡				
恃	ㅏ 忄 恃				
己	ㄱ ㄱ 己				
積	′ 禾 秬 積				
餘	′ 倉 飮 餘				
慶	广 庐 严 慶 慶				

殃 ヌ �38 珱 殃				
損 扌 扫 捐 損				
終 糸 紻 紒 終				
禍 礻 示 祸 禍 禍				
福 礻 祀 禍 福				
惟 忄 忄 惟				
召 フ 刀 召				
嗟 口 叮 咩 咩 嗟				
耄 土 耂 耂 老 耄 耄				
謨 言 訁 詽 謨				

전통문화연구회 도서목록

基礎漢文教材 2

懸吐完譯 四字小學　　　　　　　　정가 8,000원

───────────────────────────

1989년 07월 11일 초판 발행
2024년 03월 30일 재판 27쇄

譯　註　成百曉
編　輯
發行人　郭成文

發行處　社團法人 傳統文化研究會

서울 종로구 삼봉로 81 두산위브파빌리온 1332호
전화 : (02)762-8401　전송 : (02)747-0083
전자우편 : juntong@juntong.or.kr
홈페이지 : juntong.or.kr
사이버書堂 : cyberseodang.or.kr
등록 : 1989. 7. 3.　제1-936호

인쇄처　한국법령정보주식회사(02-462-3860)

ISBN 978-89-91720-34-3 04710
　　　978-89-85395-49-6(세트)

四字小學 讀本

父生我身 하시고

母鞠我身 이로다

腹以懷我 하시고

乳以哺我 로다

以衣溫我 하시고

以食飽我 로다

恩高如天 하시고

德厚似地 하시니

爲人子者ㅣ 欲報其德인댄

昊天罔極이로다

曷不爲孝리오

晨必先起하야 昏定晨省하고

必盥必漱하라 冬溫夏清하라

父母呼我 어시든
唯而趨進 하라
父母使我 어시든
勿逆勿怠 하라

父母有命 이어시든
俯首敬聽 하라
坐命坐聽 하고
立命立聽 하라

父母出入 이어시든 父母衣服 을

每必起立 하라 勿踰勿踐 하라

父母有疾 이어시든 對案不食 이어시든

憂而謀瘳 하라 思得良饌 하라

出必告之 하고
愼勿遠遊 하고

反必面之 하라
遊必有方 하라

出入門戶 어든
勿立門中 하고

開閉必恭 하라
勿坐房中 하라

行勿慢步하고

口勿雜談하고

坐勿倚身하라

手勿雜戲하라

膝前勿坐하고

須勿放笑하고

親面勿仰하라

亦勿高聲하라

侍坐父母 어든

勿怒責人 하라

侍坐親前 이어든

勿踞勿臥 하라

獻物父母 어든

與我飲食 이어시든

跪而進之 하라

跪而受之 하라

器有飲食이라도 若得美味어든

不與勿食하라 歸獻父母하라

衣服雖惡이나 飲食雖厭이나

與之必著하라 與之必食하라

父母無衣 어시든

勿思我衣 하며

身體髮膚 를

勿毀勿傷 하라

父母無食 이어시든

勿思我食 하라

衣服帶靴 를

勿失勿裂 하라

父母愛之 어시든
喜而勿忘 하라

父母責之 어시든
反省勿怨 하라

勿登高樹 하라
勿泳深淵 하라

父母憂之 시니라
父母念之 시니라

勿與人鬪 하라

父母不安 이시니라

事必稟行 하고

無敢自專 하라

室堂有塵 이어든

常必灑掃 하라

一欺父母 면

其罪如山 이니라

雪裏求筍은

孟宗之孝요

剖冰得鯉는

王祥之孝니라

我身能賢이면

譽及父母니라

我身不賢이면

辱及父母니라

追遠報本 하야

非有先祖 면

祭祀必誠 하라

我身曷生 이리오

事親如此 면

不能如此 면

可謂孝矣 니라

禽獸無異 니라

學優則仕 하야

為國盡忠 하라

人倫之中 에

忠孝為本 이니

敬信節用 하야

愛民如子 하라

孝當竭力 하고

忠則盡命 하라

夫婦之倫은

內外有別하야

二姓之合이니

相敬如賓하라

夫道和義요

夫唱婦隨면

婦德柔順이니라

家道成矣리라

兄弟姉妹는 同氣而生이니 骨肉雖分이나 本生一氣니라

兄友弟恭하야 不敢怨怒니라 形體雖異나 素受一血이니라

比之於木 하면
同根異枝 니라
兄弟怡怡 하야
行則雁行 하라

比之於水 하면
同源異流 니라
寢則連衾 하고
食則同牀 하라

分毋求多 하며

私其衣食 이면

有無相通 하라

夷狄之徒 니라

兄無衣服 이어든

弟無飲食 이어든

弟必獻之 하라

兄必與之 하라

一杯之水라도 必分而飲하고 一粒之食이라도 必分而食하라

兄雖責我나 莫敢抗怒하라

弟雖有過나 須勿聲責하라

兄弟有善이어든

必譽于外하라

兄弟有失이어든

隱而勿揚하라

兄弟有難이어든

兄能如此면

弟亦效之리라

悶而思救하라

我有歡樂 이면

兄弟亦樂 이니라

我有憂患 이면

兄弟亦憂 니라

雖有他親 이나

兄弟和睦 이면

豈若兄弟 리오

父母喜之 시니라

事師如親하야

必恭必敬하라

夙興夜寐하야

勿懶讀書하라

先生施教어시든

弟子是則하라

勤勉工夫하면

父母悅之시니라

始習文字어든
書冊狼藉어든

字畫楷正하라
每必整頓하라

能孝能悌가
能知能行이

莫非師恩이니라
總是師功이니라

長者慈幼하고

幼者敬長하라

年長以倍어든

父以事之하고

長者之前엔

進退必恭하라

十年以長이어든

兄以事之하라

我敬人親이면

人敬我親이니라

賓客來訪이어든

接待必誠하라

我敬人兄이면

人敬我兄이니라

賓客不來면

門戶寂寞이니라

人之在世에 以文會友하고

不可無友니라 以友輔仁하라

友其正人이면 從遊邪人이면

我亦自正이니라 我亦自邪니라

蓬生麻中 이면
白沙在泥 면

不扶自直 이요
不染自汙 니라

近墨者黑 이요
居必擇鄰 하고

近朱者赤 이니
就必有德 하라

擇而交之면 不擇而交면

有所補益이니라 反有害矣니라

朋友有過어든 人無責友면

忠告善導하라 易陷不義니라

面讚我善 이면

面責我過 면

諂諛之人 이니라

剛直之人 이니라

言而不信 이면

見善從之 하고

非直之友 니라

知過必改 하라

悅人讚者는

厭人責者는

百事皆僞니라

其行無進이니라

元亨利貞은

仁義禮智는

天道之常이요

人性之綱이니라

父子有親하며

君臣有義하며

朋友有信이니

是謂五倫이니라

夫婦有別하며

長幼有序하며

君爲臣綱이요

父爲子綱이요

夫爲婦綱이니 人所以貴는

是謂三綱이니라 以其倫綱이니라

足容必重하며 目容必端하며

手容必恭하며 口容必止하며

聲容必靜 하며

氣容必肅 하며

頭容必直 하며

立容必德 하며

色容必莊 이니

視必思明 하며

是日九容 이니라

聽必思聰 하며

色必思溫하며

貌必思恭하며

言必思忠하며

疑必思問하며

事必思敬하며

念必思難하며

見得思義니

是曰九思니라

非禮勿視 하며

非禮勿聽 하며

行必正直 하고

言則信實 하라

非禮勿言 하며

非禮勿動 이니라

容貌端正 하고

衣冠整齊 하라

居處必恭하고 作事謀始하고

步履安詳하라 出言顧行하라

常德固持하고 飲食愼節하고

然諾重應하라 言語恭遜하라

德業相勸하고

過失相規하며

貧窮困厄에

親戚相救하며

禮俗相交하고

患難相恤하라

婚姻死喪에

鄰保相助하라

修身齊家는 讀書勤儉은

治國之本이요 起家之本이니라

忠信慈祥하고 人之德行은

溫良恭儉하라 謙讓爲上이니라

莫談他短하고

己所不欲을

靡恃己長하라

勿施於人하라

積善之家는

不善之家는

必有餘慶이니라

必有餘殃이니라

損人利己면 禍福無門하야

終是自害니라 惟人所召니라

嗟嗟小子아 非我言耄라

敬受此書하라 惟聖之謨시니라